HUNDE TRAININGS-BOX

1

Erziehungsübungen

2

13 | Tempowechsel an der Leine

3

➤ Hilfsmittel: Leine, Pfeife
➤ Ziel: Sie laufen mit Ihrem angeleinten Hund unterschiedliche Geschwindigkeiten. Er passt sich dabei an lockerer Leine Ihrem jeweiligen Tempo an.
➤ Anfänge: Begeben Sie sich auf eine freie Fläche. Nehmen Sie dort mit Ihrem angeleinten Hund die Grundposition ein, und warten Sie, bis dessen Aufmerksamkeit nur Ihnen gilt. Beginnen Sie dann die Übung in normalem Schritttempo. Wenn Ihr Vierbeiner an Ihrer Seite bleibt und nicht an der Leine zieht, ändern Sie die Geschwindigkeit. Werden Sie etwas schneller oder traben Sie einige Schritte mit Ihrem Hund, dann verlangsamen Sie das Tempo wieder. Wechseln Sie häufig die Richtung. Loben Sie Ihren Hund immer wieder mit freundlicher Stimme, wenn er aufmerksam mitgeht.
➤ So geht's weiter: Steigern Sie nun die Herausforderung, indem Sie eine kurze Strecke mit Ihrem Hund rennen. Wird er dabei zu schnell oder beginnt zu springen, verlangsamen Sie sofort das Tempo, bis er sich wieder beruhigt. Diese Übung können Sie beliebig variieren und wiederholen, da fast alle Hunde nur zu gerne mit ihren Menschen laufen.

1

G|U

Hunde Trainings-Box

➤ Wenn es nicht klappt: Sollte Ihr Hund zu selten auf das Schnalzen reagieren, hat er das Signal noch ... zu spannend. Suchen Sie eine ruhigere Gegend auf, und erhöhen Sie den Anreiz der Futterbelohnung.

4

G|U

Ratgeber, S. 16–17, 21, 23

Das steht auf den Übungskarten

Auf den Karten finden Sie alle Informationen und Hinweise, um mit Ihrem Hund erfolgreich trainieren zu können. Hier lesen Sie, was die einzelnen Kartenelemente bedeuten.

1 **Farbcode:** Die Übungen sind in drei Kategorien unterteilt. Jede Kategorie hat eine eigene Farbe, die Sie auf den Karten wiederfinden:

Basics

Erziehungsübungen

Weiterführende Übungen

2 **Nummer und Name der Übung**

3 **Übungsanleitung:** Der Text auf den Karten erläutert Schritt für Schritt, wie Sie die jeweilige Übung richtig aufbauen und worauf Sie besonders achten müssen.

4 **Verweis auf das Begleitbuch:** Auf der angegebenen Seite finden Sie im Ratgeber zusätzliche Trainingshinweise, Tipps und Hintergrundinformationen.

Mit Hunden trainieren

Seit jeher gilt der Hund als treuester Begleiter des Menschen. Allerdings braucht es etwas Zeit und Übung, bis die Verständigung zwischen Zwei- und Vierbeiner reibungslos klappt und aus beiden ein eingespieltes Team wird, bei dem sich der eine au den anderen verlassen kann. Ein mögliches Hilfsmittel beim täglichen Training ist die Hundepfeife.

Warum trainieren wichtig ist

Hunde sind wie ihre Vorfahren, die Wölfe, auf ein Leben in einem sozialen Verband ausgerichtet. Sie verfügen daher über die Fähigkeit, mit Artgenossen zu kommunizieren und Übereinkünfte zu treffen. Aufgrund ihrer enormen Anpassungsfähigkeit können Hunde auch mit Menschen soziale Gemeinschaften bilden. Wie in einem Rudel sind sie bereit, bestimmte Regeln im Zusammenleben mit dem Zweibeiner zu akzeptieren, brauchen jedoch eine Führungsperson, die ihnen diese hundegerecht vermittelt. Nutzen Sie dazu den täglichen Spaziergang! Hierbei können Sie Ihren Hund auf spielerische Art und Weise erziehen und zugleich mit Ihrer Welt vertraut machen. Das schafft Sicherheit auf beiden Seiten: Sie wissen, dass Sie sich auch in der Öffentlichkeit auf Ihren Vierbeiner verlassen können. Ihrem Hund dienen klare Regeln als Orientierungshilfe im täglichen Miteinander. Erweisen Sie sich als verlässlicher Partner, fördern Sie beim gemeinsamen Training zugleich eine vertrauensvolle Bindung zwischen Ihnen und dem Vierbeiner (→ Seite 12–13).

Artgerechte Beschäftigung

Zunächst war der Hund weniger Gefährte, sondern eher Helfer des Menschen. Je nach Verwendungszweck wurden deshalb bestimmte Eigenschaften und Verhaltensmerkmale züchterisch selektiert. Auch wenn die meisten Hunde heute als Begleithunde gehalten werden, wollen sie diese körperlichen und mentalen Fähigkeiten immer noch gebrauchen. Gehen Sie darum mit Ihrem Hund »arbeiten«. Anregungen, wie Sie den Spaziergang entsprechend seiner Talente interessant und spannend gestalten können, finden Sie auf den Übungskarten. Als zentrale Trainingshilfe dient die Pfeife.

Wozu eine Hundepfeife?

Die Pfeife ist ein bewährtes Hilfsmittel bei der Ausbildung von Hunden. Vorausgesetzt, der Vierbeiner ist auf ein entsprechendes Pfeifsignal trainiert, können Sie ihm damit bestimmte Verhaltensweisen abfordern. Früher vor allem zur Abrichtung von Jagd- und Hütehunden eingesetzt, finden Pfeifen inzwischen auch bei der Ausbildung von Begleithunden zunehmend Verwendung. Im Handel sind verschiedenste Ausführungen erhältlich. Neben Triller- und Doppeltonpfeifen gibt es auch solche mit verstellbaren Tonhöhen. Auf Hütehundpfeifen kann man sogar kurze Melodien spielen. Die hier beigelegte Pfeife ist in einem Stück aus stabilem Kunststoff gefertigt. Damit funktioniert sie weitgehend unabhängig von Witterungseinflüssen und fühlt sich selbst im Winter nicht kalt an Lippen und Zähnen an. Da sie sich nicht in ihre Einzelteile zerlegen kann, haben Sie die Pfeife immer griffbereit. In der Tonhöhe nicht verstellbar, erzeugt sie gleichbleibende, verlässliche Signale für Ihren Hund.

WICHTIGE SIGNALPFIFFE

Prinzipiell können Sie jedes Kommando auch als Pfeifsignal geben. Folgende Standards sind jedoch besonders hilfreich:

- »Komm«-Pfiff: Hiermit können Sie Ihren Hund aus jeder Situation zu sich holen (→ Karte 1, 2).
- »Sitz«-Pfiff: Selbst bei größerer Entfernung setzt sich Ihr Vierbeiner auf diesen Pfiff zuverlässig hin (→ Karte 3, 4).
- »Stopp«-Pfiff: Dieses Signal bewirkt, dass Ihr Hund in der Bewegung innehält (→ Karte 5, 6).

/orzüge der Hundepfeife

:in Pfeifsignal kann man jederzeit zusätzlich zu einem Sicht- ınd/oder Hörzeichen (→ Seite 20) trainieren. Es ersetzt die uvor erlernten Signale nicht, sondern stellt einfach eine veitere Vokabel für ein und dasselbe Verhalten dar. Und es ohnt sich durchaus, den Hund »zweisprachig« zu erziehen:

- Ein entscheidender Vorteil der Pfeife besteht in ihrer größeren Reichweite. So können Hunde, die zuverlässig auf ichtzeichen reagieren, diese ab einer bestimmten Entfer- ıung und bei schwierigen Lichtverhältnissen nicht mehr rkennen. Auch trägt der Pfeifton weiter als die menschliche timme und hebt sich zudem gut von den sonstigen Umge- ungsgeräuschen ab. Um Ihren Hund aus größerer Distanz u sich zu rufen, müssten Sie sonst laut schreien. Dies würde ber alles andere als freundlich und einladend klingen, veshalb mit Ignoranz seitens des Hundes zu rechnen ist.
- Die Pfeife hingegen klingt immer gleich. Einmal von Grund auf eingeübt, ist das Signal unverwechselbar, eindeu- ig und emotional neutral. Stimme, Gestik und Mimik sind veniger klar, sondern variieren je nach Person und deren eweiliger Gefühlslage. Schlechte Stimmung löst beim Hund wangsläufig Meideverhalten aus, weshalb er allenfalls zöger- ch oder eben gar nicht auf Ihren Ruf reagiert.
- Stimme und Gestik werden meist recht verschwenderisch ingesetzt. Dies wirkt nicht nur verwirrend oder gar wider- prüchlich auf Ihren Hund, sondern führt auch dazu, dass ich verschiedene Kommandos im alltäglichen Gebrauch abnutzen«. Achten Sie deshalb darauf, die Pfeife trotz aller 'orzüge nicht ständig ertönen zu lassen. Deren Einsatz sollte ielmehr bewusst und nur zu bestimmten Anlässen erfolgen → Information links). So bleibt der Pfiff etwas Besonderes nd zeigt auch in »Notfallsituationen« verlässliche Wirkung.

Jeder Hund ist anders

Für ein erfolgreiches Training ist es wichtig, die Übungen individuell auf Ihren Vierbeiner abzustimmen. Neben Alter und Rasse gilt es auch sein Temperament zu berücksichtigen.

Vom Welpen zum »Oldie«

Die meisten Welpen ziehen am Ende der 8. Lebenswoche in ihr neues Zuhause ein. Zu diesem Zeitpunkt befinden sie sich in einer entscheidenden Entwicklungsphase, Aufnahmefähigkeit und Lernbereitschaft sind besonders hoch. Profitieren Sie davon. Machen Sie Ihren Welpen mit seinen künftigen Bezugspersonen und dem neuen Umfeld vertraut, und sorgen Sie für möglichst viele positive Erfahrungen. Die Eindrücke, die er in dieser Phase gewinnt, prägen ihn sein Leben lang! Nutzen Sie seine Anhänglichkeit und Neugierde und üben Sie von Anfang an das Herankommen. Auch Welpen lassen sich schon auf den »Komm«-Pfiff (→ Karte 1, 2) prägen. Doch halten Sie die Lernintervalle kurz, da sich der junge Vierbeiner noch nicht lange konzentrieren kann.
Ab etwa der 16. Lebenswoche schließt sich die Junghundphase an. Diese ist vergleichbar mit der menschlichen Pubertät. Der Hormoneinschuss bewirkt Verhaltensweisen, die Ihnen bisher fremd waren. Oft mag es erscheinen, als hätte der Hund alles Gelernte vergessen. Er wird verstärkt bisherige Regeln in Frage stellen, um seinen Platz in der Gruppe zu finden. Übermut wechselt sich ab mit Unsicherheit, die Hunde sind in dieser Zeit häufig sehr sensibel. Begegnen Sie den schwankenden Tagesformen mit Rücksicht und Feingefühl. Reduzieren Sie nötigenfalls das Training auf ein Minimum und vor allem auf Übungen, die erfolgversprechend sind. Ist Ihr Vierbeiner hingegen »gut drauf«, können Sie nun schon

:twas länger und ausdauernder mit ihm arbeiten. Fördern ;ie dann vor allem die Aufmerksamkeit und das Kontakt-ıalten Ihres Hundes (→ Karte 07, 10, 11).

)ie Erwachsenenphase ist bei kleinen Rassen mit etwa ein-:inhalb, bei großwüchsigen Vertretern erst ab drei Jahren er-eicht. Der gesunde Hund ist körperlich gut belastbar, zudem ıoch motiviert, mit seinem Besitzer gemeinsam den Alltag :u erleben und immer neue Dinge zu lernen. Dem Training ;ind damit kaum Grenzen gesetzt. Neben Übungen, die hohe Conzentration und körperliche Fitness (→ Karte 13, 24, 26) :rfordern, bieten sich auch verstärkt solche zur Nasenarbeit ın (→ Karte 32–36). Je größer das Repertoire an Übungen st, desto besser sorgen Sie für die letzte Lebensphase vor.

KONZENTRATIONSFÄHIGKEIT

Passen Sie die Übungsdauer und Höhe der Anforderungen dem Alter und Ausbildungsstand Ihres Hundes an. Gerade Welpen und junge Hunde brauchen ausgiebige Ruhephasen, um das Erlebte und Gelernte zu verarbeiten.

- Im Alter von 9 bis 12 Wochen können Welpen nur etwa eine Minute aufmerksam bei der Sache sein.

- Mit 12 bis 18 Wochen gelingt es ihnen schon, sich zwei bis drei Minuten lang zu konzentrieren.

- Bei einem Junghund von etwa 18 Wochen können Sie die Übungsdauer auf drei bis fünf Minuten ausdehnen.

- Ist Ihr Vierbeiner sechs Monate alt, sollte er sich fünf bis zehn Minuten lang konzentrieren können.

Ab etwa acht Jahren zählen Hunde zu den Senioren. Kondition sowie körperliche und geistige Beweglichkeit lassen nun stetig nach. Gerade deswegen sollten Sie Ihren Vierbeiner fordern. Nutzen Sie Ihre Spaziergänge für Übungen, die seine Sinne stimulieren (→ Karte 32–36). Auch Apportieren macht Ihrem Gefährten weiterhin Freude. Doch vermeiden Sie dabei abruptes Abstoppen, das schont die Gelenke. Die Pfeife verschafft Ihnen auch beim älteren Hund noch Gehör.

Rassetypische Eigenschaften

Damit Ihr Hund sich von seiner besten Seite zeigen kann, muss das Training auch seinen ererbten Veranlagungen und Fähigkeiten gerecht werden. So wird die Steadyness-Übung dem Leonberger an einem windigen Herbsttag leichter fallen als dem Jagdhund, für den die fallenden Blätter einen besonderen Bewegungsreiz darstellen. Für einen Retriever sind Apportierübungen ein wahres Vergnügen, wohingegen der Kangal als eigenständiger und wachsamer Herdenschutzhund in dieser Beschäftigung (noch) keinen Sinn sieht. Hütehunde wie Border Collie, Australian Shepherd und Co. wiederum besitzen eine schnelle Auffassungsgabe und wurden u.a. dafür gezüchtet,

viele Stunden am Tag mit den Menschen an einer Herde zu arbeiten. Bei Unterforderung suchen sich diese Hunde alternative und oftmals unerwünschte Beschäftigungen, indem sie z. B. im Alltag die Kinder oder sogar Fische im Aquarium »hüten«. Spezielle Rassen stellen also auch spezielle Anforderungen an die Art und Häufigkeit der jeweiligen Übungen.

Hundepersönlichkeiten

Nicht zuletzt wird der Aufbau des Trainings auch durch das Wesen des Hundes entscheidend mitbestimmt:

➤ Gehört Ihr Vierbeiner zu den Draufgängern, die immer und überall mit vollem Einsatz dabei sind, sich nur zu gerne neuen Herausforderungen stellen und dabei durchaus Eigeninitiative ergreifen? Dann sind von Ihnen Konsequenz und gute Führungsqualitäten gefragt. Draufgänger handeln oft, bevor sie nachdenken. Nicht selten müssen sie in ihrem Erkundungsverhalten gebremst werden, um sich und andere nicht in Gefahr zu bringen. Versuchen Sie zudem, mit entsprechenden Übungen die Konzentration und Impulskontrolle Ihres Energiebündels zu fördern (→ Karten 21–23).

➤ Andere Hunde bleiben eher im Hintergrund und tasten sich vorsichtig an neue Situationen heran. Ihre Zurückhaltung lässt sie bisweilen schüchtern wirken. Stärken Sie dann das Selbstvertrauen Ihres Hundes und sorgen Sie für Erfolgserlebnisse. Gerade hier bieten sich Apportierübungen an.

Abschließend sei gesagt, dass bei passender Motivation und frühzeitigem Start nahezu jeder Hund die Zusammenarbeit mit dem Menschen erlernen und daran Freude finden kann. Alter, Rasse oder Charakter beeinflussen lediglich die Lerngeschwindigkeit. Setzen Sie sich also nicht unter Druck, und geben Sie Ihrem Hund die Zeit, die er braucht. Schließlich sollen Sie beide Spaß am gemeinsamen Training haben!

Eine feste Bindung aufbauen

Eine vertrauensvolle Bindung zwischen Ihnen und Ihrem Hund ist Voraussetzung für ein harmonisches Miteinander und Grundlage jeder Erziehung oder Ausbildung. Um eine solche Beziehung aufzubauen, bringt Ihr neuer vierbeiniger Gefährte beste Voraussetzungen mit. Gerade Welpen zeigen eine ausgeprägte Bindungsbereitschaft, instinktiv wissend, dass sie auf sich selbst gestellt nicht überleben könnten. Doch auch ältere Hunde werden sich Ihnen nur zu gerne anschließen, wenn Sie entsprechende Angebote machen.

Orientierungshilfe

Helfen Sie Ihrem Vierbeiner, sich nach dem Einzug in seiner neuen Umgebung einzugewöhnen. Je nach Typ (→ Seite 11) wird er dabei mehr oder weniger Unterstützung brauchen. Erkunden Sie mit ihm Ihr Zuhause, doch zeigen Sie ihm auch Grenzen auf, falls er bestimmte Bereiche nicht betreten soll. Wichtig ist, dass Sie ihm von Anfang an klare Regeln für das Zusammenleben vermitteln. Sprechen Sie hierzu mit allen Familienmitgliedern ab, was erlaubt ist und was nicht. Und denken Sie daran – Hunde sind Gewohnheitstiere. Ein ausgeglichener Tagesrhythmus und bestimmte Rituale geben ihnen das Gefühl von Sicherheit und Beständigkeit.

Zuwendung

Neben der regelmäßigen Fütterung benötigt der Vierbeiner vor allem viele Streicheleinheiten und Körperkontakt, um ein Zusammengehörigkeitsgefühl zu entwickeln. Falls das Sofa tabu sein sollte, hilft es auch, mit ihm gemeinsam auf dem Teppich oder im Gras zu liegen. Bemühen Sie sich, Ihren Hund in seinem Wesen zu erkennen und zu respektieren.

Beschäftigung

Ob im Haus oder Garten – beschäftigen Sie sich mit Ihrem Hund. Fordern Sie ihn zum Spielen auf, oder gehen Sie auf seine Angebote ein. So werden Sie schnell herausfinden, welche Dinge ihm besonders wichtig sind und wie Sie diese Vorlieben bedienen können. Sobald sich Ihr Vierbeiner einige Tage in seinem neuen Zuhause eingewöhnt hat, können Sie auf gemeinsamen Spaziergängen die Umgebung erkunden. Welpen halten aufgrund ihres angeborenen Nachfolgeinstinkts von sich aus Anschluss. Nutzen Sie dies, und trainieren Sie von Anfang an, Blickkontakt (→ Karte 11) zu halten. Ansonsten hilft es bei jungen wie älteren Hunden, sich auch auf dem Spaziergang durch Spielen und gemeinsame Übungen interessant zu machen. So findet Ihr Vierbeiner gewiss Spaß daran, etwas mit Ihnen zu unternehmen.

Ganz gleich, wie lange Sie Ihren Hund schon haben: Mit intensiver Interaktion, angemessener Zuwendung, beständigen Regeln sowie Geduld und Einfühlungsvermögen vermitteln Sie ihm ein Bild von seiner Umwelt. Darin sind Sie die Bezugsperson, eine Leitfigur, auf die er sich verlassen kann.

GUT ZU WISSEN

- Bei fehlender Stimulation kann sich Ihr Hund durchaus alleine beschäftigen. Ob im Garten oder auf dem gemeinsamen Spaziergang: Bleibt er häufig sich selbst überlassen, trifft er Entscheidungen ohne Sie und löst »Probleme« auf seine Art. Was jedoch nicht immer in Ihrem Sinne ist.

- Leckerchen steigern die Motivation, helfen aber nicht, eine feste Bindung aufzubauen. Diese fördern Sie vor allem durch gemeinsame Aktivitäten.

Im Alltag lernen

Lernen ist das erfahrungsbedingte Annehmen neuer Verhaltensmöglichkeiten und dient der Anpassung eines Individuums an seine Umwelt. Hunde sind extrem anpassungsfähig. Erst dadurch sind sie überhaupt imstande, als treue Begleiter und Gefährten den Alltag des Menschen zu teilen.

Unbewusstes Lernen

Viele Fähigkeiten erwerben Hunde völlig unbewusst, während sie in irgendeiner Form aktiv sind. Welpen beispielsweise trainieren beim Spielen mit ihren Wurfgeschwistern die ersten Umgangsformen und lernen, ihre Kräfte angemessen anzuwenden. Gleichzeitig wird dabei ihre Motorik und Koordination geschult. Zudem lernen junge wie ältere Hunde beim Erkunden unbekannter Orte und Umgebungen, sich immer wieder in neuen Situationen zurechtzufinden.

Vorbilder

Hunde übernehmen aber auch gerne Verhaltensweisen von anderen Artgenossen. Welpen orientieren sich dabei zunächst an ihrer Mutter, bei älteren Hunden sind es vor allem die Spielpartner. Halten Sie darum die Augen offen: Zeigen die »Kumpels« unangemessene Verhaltensweisen, kann sich Ihr Vierbeiner diese manchmal schneller aneignen, als Ihnen lieb ist.

Eigene Erfahrungen

Neuen Objekten oder Begebenheiten begegnet der Hund mit angeborener Vorsicht. Instinktiv versucht er, gefährliche Situationen zu vermeiden. Ein Beispiel: Im nahe gelegenen Wildgehege, das wir gelegentlich von der Hundeschule aus in Gruppen besuchen, stehen große holzgeschnitzte Tiere. Vor allem junge Hunde gehen bei der ersten Begegnung mit diesen »Ungetümen« in Habachtstellung und fixieren sie, andere bellen sie an. Ein Hund in dieser Situation ist auf den Notfall vorbereitet, er ist in Flucht- oder Kampfbereitschaft. Nach einer Weile siegt die Neugier über die Vorsicht, und der Hund wagt es, sich dem Objekt zu nähern. Er lernt somit, die Situation als gefahrlos zu bewerten. Vorausgesetzt, wir Menschen geben ihm Zeit und Gelegenheit dazu. Führen Sie immer wieder Situationen herbei, die Ihr Vierbeiner durch eigenes Handeln bewältigen kann. Dazu gehört das Überwinden von Hindernissen wie einer Wippe oder das Balancieren über einen Baumstamm. Bestandene Herausforderungen wirken belohnend und stärken die Selbstsicherheit.

In allen Lebenslagen

Das Lernen beschränkt sich also nicht nur auf die gemeinsamen Trainingseinheiten. Vielmehr sind Hunde den ganzen Tag und ihr Leben lang darauf aus, neue Erfahrungen hinzuzugewinnen. Neugier, Interesse und Befriedigung ihrer Bedürfnisse sind der Antrieb – wie bei allen Lebewesen. Gehen Sie darum mit Ihrem Hund auf Erkundungsspaziergänge, und machen Sie ihn dabei mit den verschiedensten Umweltgegebenheiten vertraut. Gerade für Begleithunde, die ihren Familien in den Bus oder die Bahn, in die Stadt oder gar in den Urlaub folgen, ist es wichtig, neuen Situationen offen zu begegnen und stressfrei damit zurechtzukommen.

Konditionierung

Hunde zeigen also von Natur aus eine hohe Lernbereitschaft. Machen Sie sich diese zunutze, um Ihrem Vierbeiner all das beizubringen, was Ihnen für das tägliche Zusammenleben wichtig ist. Wie Sie ihm bestimmte Verhaltensweisen gezielt antrainieren können, erläutern die folgenden Beispiele.

Lernen durch Verknüpfen

Sie klappern mit dem Futternapf, und Ihr Hund fängt sofort an zu speicheln? Nach Iwan Pawlow, dem russischen Physiologen, haben Sie Ihren Hund damit klassisch konditioniert. Hierunter versteht man einen Lernvorgang, bei dem ein zunächst neutraler Reiz eine Bedeutung bekommt. So reagierte Ihr Hund anfangs nur beim direkten Anblick des Futters (unbedingter Reiz) mit Speichelfluss (unbedingte Reaktion). Nachdem Sie ihm jedoch einige Male nach dem Klappern mit dem Napf richtig gutes Futter vorgesetzt haben, löst allein das Geräusch (jetzt ein bedingter Reiz) diesen Speichelfluss reflexartig aus (bedingte oder konditionierte Reaktion). Das Gehirn Ihres Vierbeiners hat den Reiz mit einer bestimmten Reaktion verknüpft. Im geschilderten Fall hat er keinen willentlichen Einfluss auf sein Verhalten. Doch gibt es auch genügend Beispiele, in denen ein bedingter Reiz durch willkürliche Reaktionen beantwortet wird. Denken Sie beispielsweise an die Freudentänze, die Ihr vierbeiniger Gefährte aufführt, sobald er die Hundeleine klimpern hört!

Lernen durch Erfolg und Misserfolg

Mensch oder Tier lernen aber auch durch Ausprobieren. Führt ein bestimmtes oder zufälliges Verhalten zum gewünschten Erfolg, so wird es beibehalten. Zeigen Sie also

eine für Ihren Vierbeiner lohnende Reaktion, indem Sie ihn beispielsweise loben oder streicheln, so bestärken Sie ihn in seinem Tun. Er wird das Verhalten zunehmend häufiger zeigen. Handelt er sich hingegen Misserfolge oder gar Unannehmlichkeiten ein, meidet er es künftig. Das Lernen durch Erfolg oder Misserfolg, auch operante Konditionierung genannt, stellt die am häufigsten angewandte Methode in der Hundeerziehung dar.

Missverständnisse vermeiden

Nicht selten jedoch kommt es zu Missverständnissen. So ist es beispielsweise kontraproduktiv, »beruhigend« auf einen Hund einzureden, der jemanden anknurrt. Oder stellen Sie sich vor, Ihr Welpe springt unterwegs an einem anderen Fußgänger hoch. Sie wünschen das zwar nicht, aber der Passant freut sich darüber und schenkt dem Kleinen freundliche Aufmerksamkeit. Das löst positive Gefühle bei Ihrem Hund aus; die Wahrscheinlichkeit, dass das Verhalten wieder gezeigt wird, steigt. Nehmen Sie sich also in Acht, worauf genau Sie positiv reagieren. Wollen Sie beispielsweise, dass Ihr Hund bei Ihrer Ankunft mit allen vier Füßen am Boden bleibt, statt Sie wild hüpfend und lautstark zu begrüßen, so sollten Sie ihn in letzterem Fall einfach ignorieren. Ihre Reaktion entspricht dann nicht seinen Erwartungen, weshalb er diese Strategie allmählich aufgibt. Belohnen Sie ihn stattdessen, wenn er ruhig am Boden bleibt, können Sie sein Verhalten in die gewünschten Bahnen lenken.

Lernen leicht gemacht

Hunde lernen leicht, sofern ihnen artgerecht vermittelt wird, worauf es ankommt. Doch was macht einen guten Lehrer aus? Darin unterscheiden sich Hunde nicht vom Menschen. Ein guter Lehrer ist beliebt, und die Schüler lernen gern von ihm. Haben Sie eine vertrauensvolle Bindung zu Ihrem Vierbeiner aufgebaut (→ Seite 12), wird er sich an Ihnen orientieren und bereitwillig mit Ihnen zusammenarbeiten!

Führungsqualitäten

Dazu brauchen Hunde allerdings eine souveräne Leitfigur, die ihnen unmissverständlich mitteilt, was richtig und was falsch ist.

➤ Damit Ihr Vierbeiner Sie als solche anerkennt, sollten Sie ihm ein verlässlicher Partner sein. Als Bezugsperson sorgen Sie für Futter, leisten Hilfestellung in für ihn unsicheren Situationen und bieten nötigenfalls Schutz gegenüber anderen Zwei- oder Vierbeinern.

➤ Doch setzen Sie Ihrem Hund auch klare Grenzen. Stellen Sie verbindliche Regeln auf und sorgen Sie für deren Einhaltung.

STRESS VERMEIDEN

Lernen ist immer mit einer gewissen Anspannung verbunden. Diese erhöht sogar die Aufnahmefähigkeit. Eine dauerhaft hohe Stressbelastung sorgt jedoch für Lernblockaden.

- Achten Sie darauf, Ihren Hund nicht zu überfordern. Wählen Sie für ihn passende Übungen aus.
- Trainieren Sie nur so lange, wie sich Ihr Vierbeiner gut konzentrieren kann (→ Seite 9).
- Ungeduld, Druck und unangebrachte Strafe behindern den Lernerfolg.

Ausnahmen kann der Hund nicht einordnen, chaotisch wechselnde Anforderungen verunsichern ihn. Klare Strukturen hingegen sind für ihn verständlich und geben ihm einen Rahmen, in dem er sich frei bewegen kann. Indem Sie diese konsequent durchsetzen, wird Ihr Verhalten berechenbar. Das schafft Sicherheit und Vertrauen.

➤ Als souveräne Leitfigur teilen Sie auch gewisse Privilegien zu. Haben Sie bestimmte Bereiche im Haus zur Tabuzone erklärt, sollte Ihr Vierbeiner dies respektieren. Versuchen Sie nicht, ihm ständig alles recht zu machen. Fordert er Sie zum Spielen auf, während Sie gerade mit etwas anderem beschäftigt sind, so können Sie ihn vorerst auch ignorieren. Bestimmt lässt sich später ein günstigerer Zeitpunkt finden. Ganz gleich in welcher Situation: Treten Sie Ihrem Hund gegenüber immer entschlossen auf. Dann wird es ihm nicht schwerfallen, Ihnen die oberste Entscheidungsbefugnis zuzugestehen. Danken Sie es ihm, indem Sie diese partnerschaftlich nutzen. Weisen Sie ihm den Weg, geben Sie ihm Halt, Orientierung und wann immer möglich den Freiraum, den er braucht. Doch scheuen Sie sich nicht, in bestimmten Situationen seinen unbedingten Gehorsam einzufordern. Auch Gehorsam schafft Freiräume: Ein Hund, der auf den »Komm-Pfiff« zuverlässig reagiert, darf öfter frei laufen!

Kommunikation

Soll der Vierbeiner Ihre Anweisungen richtig befolgen, so müssen Sie ihm diese in einer für ihn verständlichen Art übermitteln. Hunde untereinander kommunizieren vor allem über ihre Körpersprache und geruchliche Signale. Diese Botschaften nutzen sie auch, um das menschliche Verhalten zu interpretieren. Zudem haben sie im Zuge der Domestikation gelernt, den Tonfall unserer Stimme richtig zu deuten.

Körpersprache

➤ Aufrechte Körperhaltung, gestraffte Schultern – das strahlt Souveränität und Autorität aus. Mit Ihnen an der Seite fühlt sich der Vierbeiner jeder Herausforderung gewachsen.

➤ Wollen Sie Ihren Hund jedoch zu sich locken, ist es hilfreich, in die Hocke zu gehen. Vermeiden Sie unbedingt, sich zu ihm hin oder gar über ihn zu beugen. Dieses Verhalten könnte er als Bedrohung empfinden!

➤ Ihr Hund will trotz gegenteiliger Aufforderung nicht im »Sitz« bleiben, sondern aufspringen und Ihnen hinterherlaufen? Gehen Sie entschlossenen einen Schritt auf Ihren Vierbeiner zu, damit bremsen Sie ihn aus. Strecken Sie ihm dabei auch Ihre Hand mit ausgespreizten Fingern entgegen, wirken Sie noch weniger einladend (→ Karte 08).

➤ Ist Ihr Hund hingegen unschlüssig, ob er Ihnen folgen soll, so werden Sie ihn kaum an Ihre Seite holen, indem Sie ihm bedrohlich entgegengehen. Wenden Sie sich dann lieber deutlich von ihm ab. Je rascher Sie sich fortbewegen, desto bereitwilliger wird er Ihnen folgen (→ Karte 16).

➤ Helfen Sie Ihrem Hund beim Inselhopping (→ Karte 26) oder beim Einweisen (→ Karte 30), indem Sie ihm durch Ihre Körperhaltung die richtige Richtung anzeigen.

➤ Seien Sie Ihrem Hund ein Vorbild. Verlangen Sie ihm eine Steadyness-Übung (→ Karte 09, 22) ab, sollten Sie selbst gleichfalls Ruhe ausstrahlen. Muss Ihr Vierbeiner hingegen bei Fuß gehen (→ Karte 14), können Sie ihn durch entsprechend dynamisches Laufen eher bei Laune halten.

Signale

Allein durch Ihre Körpersprache können Sie Ihrem Vierbeiner also in vielen Fällen schon zu verstehen geben, was Sie von ihm erwarten. Seine für den Umgang mit Artgenossen

hoch entwickelte Beobachtungsgabe hilft ihm, auch bei Ihnen jede noch so kleine Regung wahrzunehmen. Auf viele Ihrer Gesten, wie die entgegengestreckte Hand mit ausgespreizten Fingern, reagiert er von sich aus in der erwünschten Weise; bei anderen muss er erst lernen, welche Handlung Sie daraufhin von ihm erwarten (→ Seite 16). Da sich Hunde aber auch untereinander über optische Signale verständigen, fällt es ihnen entsprechend leicht, diese sogenannten Sichtzeichen zu erlernen. Akustische Signale sind ihnen hingegen weniger geläufig. Dennoch macht es durchaus Sinn, ergänzend Hörzeichen einzuführen. Diese funktionieren nach dem gleichen Prinzip wie optische Signale, nur dass der Hund hier ein bestimmtes Wort mit der Verhaltensweise verknüpft hat. Geben Sie ihm also das Kommando »Sitz«, so wird er sich bei erfolgreicher Konditionierung daraufhin setzen. Hörzeichen und insbesondere Signalpfiffe sind auch bei größerer Distanz für Ihren Hund noch gut wahrnehmbar.

Auf den Ton kommt es an

Achten Sie aber darauf, den Tonfall der jeweiligen Intention anzupassen. So können Sie Ihren Hund nur mit freundlicher Stimme zu sich locken, wohingegen ein scharf gesprochenes »Aus« selbst hartgesottene Vierbeiner dazu veranlassen kann, eine von Ihnen unerwünschte Handlung abzubrechen.

Und unterschätzen Sie nie die Fähigkeiten des Hundes, selbst feinste Nuancen Ihrer Stimmungslage auszuloten! Auch ein forsches Kommando bleibt wirkungslos, wenn Ihre Körperhaltung Unsicherheit verrät. Gleiches gilt für einen Tadel, bei dem Ihr Vierbeiner genau merkt, dass Sie sich im Grunde über ihn amüsieren. Ob gezwungenes Lob oder halbherzige Ermahnung, Ungeduld oder gar verhaltener Ärger – Ihr Hund weiß immer ganz genau, woran er mit Ihnen ist. In solchen Situationen leistet die Hundepfeife wertvolle Dienste. Sie hilft Ihnen, auch dann noch klare, eindeutige und emotional neutrale Signale zu vermitteln (→ Seite 5). Und sollten Sie an einem Tag so gar nicht »aus Ihrer Haut« können und grundsätzlich gereizt sein, so verlegen Sie das Training besser auf ein andermal, wenn Sie mit Freude bei der Sache sind.

DIE RICHTIGEN LERNBEDINGUNGEN SCHAFFEN

Fördern Sie die Lernbereitschaft Ihres Hundes. Sorgen Sie für gute Stimmung und eine entspannte Atmosphäre:

- Trainieren Sie nur dann, wenn Sie beide »gut in Form sind«. Beginnen Sie mit einer Übung, die Ihr Hund sicher beherrscht. Erfolge stacheln an, sodass Sie sich nun an neue oder schwierigere Aufgaben wagen können.

- Wiederholungen festigen den Lernerfolg. Trainieren Sie eine Übung deshalb mehrmals täglich, aber nicht öfter als zwei- bis dreimal nacheinander. Sonst arbeitet Ihr Vierbeiner aus Langeweile nicht mehr konzentriert mit!

- Trainieren Sie an verschiedenen Orten. So können Sie sich darauf verlassen, dass die Übung überall gelingt.

Das Training systematisch aufbauen

➤ **Die Übung planen** Überlegen Sie sich zunächst, welches Ziel Sie erreichen wollen. Soll sich Ihr Hund beispielsweise auf Kommando einfach hinsetzen, oder soll er das sogar direkt vor oder neben Ihnen tun? Legen Sie ein eindeutiges Signal fest, mit dem er die Handlung verknüpfen kann.

➤ **Konsequent trainieren** Ist das Ziel klar definiert, können Sie mit Ihrem Hund konkret daraufhin arbeiten. Lassen Sie ihn die Übung immer exakt gleich ausführen, damit er nachvollziehen kann, was genau Sie von ihm wollen. Zeigen Sie sich unbeeindruckt von eventuellen Passanten. Nur wenn Sie selbst konzentriert bei der Sache sind, wird auch Ihr Hund lernen, Ablenkungen während des Trainings zu ignorieren.

➤ **In kleinen Schritten** Bauen Sie die Übungen in kleinen Schritten auf, und erhöhen Sie dabei den Schwierigkeitsgrad nur langsam. So können Sie sich mit Ihrem Hund über viele Zwischenerfolge freuen, anstatt ihn ständig zu korrigieren. Gehen Sie immer erst dann einen Schritt weiter, wenn der vorherige nach mehrmaligen Wiederholungen zuverlässig klappt. Je nach Übung können Sie die Herausforderung erhöhen, indem Sie Ihren Hund bewusst unter Ablenkung oder aus größerer Entfernung auf die Probe stellen.

➤ **Die Trainingsdauer bestimmen** Als Partner Ihres Hundes berücksichtigen Sie seine Konzentrationsfähigkeit und Tagesform (→ Seite 9). Doch geben Sie nicht gleich auf, wenn er nur keine Lust hat. Oft hilft es, das Training in einer bestimmten Grundposition zu beginnen. Damit signalisieren Sie Ihrem Hund, dass es jetzt an die Arbeit geht. Bringen Sie ihn dazu an Ihrer Seite in die Sitzposition, und warten Sie, bis seine Aufmerksamkeit Ihnen gehört. Am Ende der Einheit geben Sie ihn mit einem »Lauf« oder einer entsprechenden Handbewegung frei und lösen damit die Übung auf.

Richtig belohnen

Die richtige Belohnung zur richtigen Zeit – damit können Sie das Lernverhalten Ihres Hundes sehr gut fördern! Indem Sie ihn für das Ausführen einer bestimmten Aktion belohnen, bestärken Sie ihn darin, dieses Verhalten häufiger zu zeigen (→ Seite 16). Deshalb spricht man hier auch von positiver Verstärkung. Besonders wichtig ist dabei ein exaktes Timing. Nur wenn die Belohnung nahezu zeitgleich mit dem gewünschten Verhalten erfolgt, kann Ihr Vierbeiner beide Ereignisse miteinander in Zusammenhang bringen. Soll er sich also auf Ihr Kommando hinsetzen, erhält er sein Leckerchen genau dann, wenn sein Hinterteil den Boden berührt.

Futter oder Spiel?

Die meisten Hunde lässt die Aussicht auf eine Futterbelohnung besonders motiviert an die Arbeit gehen. Leckerchen haben zudem den Vorteil, dass sie sich im Sinne eines exakten Timings sehr punktgenau verabreichen lassen und der Übungsablauf dadurch nicht nennenswert unterbrochen wird. Für andere Vierbeiner ist hingegen ein fröhliches Spiel besonders attraktiv. Nur bitte nicht zu ausgelassen, Ihr Hund soll sich anschließend ja wieder auf das Training konzentrieren. Während Leckerchen und Spiele von Natur aus begehrenswerte Anreize und damit primäre Verstärker für den Hund darstellen, muss er die Bedeutung eines Lobwortes erst erlernen. Dieses stellt damit einen sekundären Verstärker dar. Haben Sie Ihren Hund auf ein entsprechendes Hörzeichen (→ Seite 21) konditioniert, so weiß er, dass daraufhin eine Belohnung erfolgt. Wollen Sie das Lob zudem mit Streicheleinheiten kombinieren, so vermeiden Sie besser, dem Hund über den Kopf zu streicheln oder diesen zu tätscheln. Manch Vierbeiner empfindet solche Gesten als unangenehm.

Qualität statt Quantität

Ob Leckerchen oder Spielzeug – die Belohnung sollte für Ihren Vierbeiner besonders erstrebenswert sein. Das erhöht seine Leistungsbereitschaft enorm! Doch halten Sie die Menge bzw. Dauer gering. Andernfalls verliert die Belohnung aufgrund des Überangebotes an Wert, und Ihr Hund ist dementsprechend weniger motiviert. Eine Ausnahme bildet der »Jackpot«. Dabei handelt es sich um eine besonders gute und reichliche Belohnung, z. B. ein richtig großes Stück Fleischwurst. Überraschen Sie Ihren Hund damit, nachdem er eine außerordentlich gute Leistung vollbracht hat, z. B. auf Ruf zu Ihnen gekommen ist. So wird sich dieses Ereignis besonders gut in seinem Gedächtnis einprägen und den Lerneffekt verstärken. Der »Jackpot« sollte darum unvorhersehbar bleiben.

Falsche Verknüpfungen

Sie möchten Ihren Welpen für das »Sitz« belohnen. Während Sie in die Futtertasche greifen, steht er auf und macht »Männchen«. Erhält er jetzt das Leckerchen, haben Sie aus Hundesicht das Männchenmachen belohnt. Achten Sie immer darauf, nur gewünschte Aktionen positiv zu verstärken. Ein weiterer Störfaktor ist das selbst belohnende Verhalten. So werden z. B. beim Jagen allein schon durch das Hetzen des Tieres bestimmte Hormone produziert, die dem Hund Glücksgefühle und Befriedigung verschaffen. Auch ein Hund, der den Sonntagsbraten stiehlt und teilweise vertilgt, hat sich bereits belohnt, bevor Sie ihn dafür tadeln können.

Korrigieren, aber wie?

Erziehen Sie Ihren Vierbeiner überwiegend nach dem Prinzip der positiven Motivation. Mit der Aussicht auf Belohnung macht die Arbeit doppelt Spaß. Doch wird es immer wieder auch Situationen geben, in denen Sie das Verhalten Ihres Hundes korrigieren müssen. Wählen Sie dazu Mittel, die er verstehen kann, so bleibt Ihre Beziehung unbeschadet.

Negative Strafe

Hierbei lässt der Hund durch sein unerwünschtes Verhalten die potenzielle Belohnung augenblicklich in weite Ferne rücken. Nehmen wir an, Sie trainieren beispielsweise den Abruf am Futternapf vorbei (→ Karte 20). Sobald sich Ihr Hund, anstatt zu Ihnen zu eilen, in Richtung des Napfes bewegt, sollte dieser augenblicklich verschwinden. Pech gehabt! Entscheidet sich Ihr Hund in der nächsten Runde dann für Sie, weil er zuvor leer ausgegangen ist, belohnen Sie ihn, um dieses Verhalten zu festigen. Eine weitere Möglichkeit ist, lästiges bzw. forderndes Benehmen zu ignorieren. Das Verhalten des Hundes, das eigentlich auf Aufmerksamkeit ausgerichtet ist, läuft dadurch ins Leere und wird fortan weniger häufig und schließlich gar nicht mehr gezeigt.

Negative Verstärkung

Dies bedeutet, der Hund erreicht mit einem bestimmten Verhalten, dass ein unangenehmer Reiz ausbleibt oder endet. Sollte Ihr Hund z. B. an der Leine ziehen, so bleiben Sie am besten abrupt stehen, halten Ihre Hand mit der Leine am Körper und geben dem Zug nicht nach. Damit erreichen Sie zum einen, dass Ihr Hund das gewünschte Ziel, nämlich schneller voranzukommen, nicht erreicht (negative Strafe). Zum anderen wird er den Zug der Leine als unangenehm empfinden und diese darum von sich aus lockern (negative Verstärkung). Loben und belohnen Sie ihn dann, indem Sie stracks weitermarschieren (→ Karte 07).

Positive Strafe

Auf das unerwünschte Verhalten folgt eine beängstigende oder schmerzende Maßnahme (z. B. ein Leinenruck). Die positive Strafe unterliegt strengen Regeln. Werden diese nicht korrekt angewendet, schadet sie, weshalb wir dringend davon abraten. Hunde untereinander nutzen »Abbruchsignale«, die dem Gegenüber kurz, eindeutig und situationsgerecht mitteilen, dass man mit seinem Verhalten nicht einverstanden ist. Eine kurze Warnung gibt zudem die Chance, sich weitere Unannehmlichkeiten zu ersparen.

ANGEMESSEN REAGIEREN

Bleiben Sie Ihrem Hund auch bei Misserfolgen ein fairer Partner. So verhalten Sie sich der Situation angemessen:

- Wie die Belohnung muss auch die Korrektur unmittelbar auf das unerwünschte Verhalten hin erfolgen, damit Ihr Vierbeiner beides in Zusammenhang bringen kann.
- Stimmen Sie die Art der Einwirkung auf das Naturell des Hundes ab. Bei manchen genügt schon ein scharfes Wort, andere weisen ein deutlich »dickeres Fell« auf.
- Sollte das unerwünschte Verhalten auf Angst beruhen, dürfen Sie Ihren Hund deswegen keinesfalls maßregeln!
- Geben Sie Ihrem Hund die Chance, ein alternatives Verhalten zu zeigen, das Sie dann wieder belohnen können.

Training mit Pfiff

Die Hundepfeife stellt ein erprobtes Hilfsmittel, jedoch keinen Garant für den perfekt erzogenen Vierbeiner dar. Damit Sie deren Vorzüge bei der Signalgebung voll ausschöpfen können, ist Folgendes zu berücksichtigen:

➤ **Pfeifen will gelernt sein** Machen Sie sich zunächst mit der Handhabung der Pfeife vertraut. Proben Sie den jeweiligen Pfiff unbemerkt von Ihrem Vierbeiner, und beginnen Sie das Training erst, wenn Sie den Ton jederzeit klar und eindeutig hervorbringen. Können Sie die Pfeife mit den Zähnen halten? Das wäre von Vorteil, da Sie dann beide Hände frei hätten. Sonst hängen Sie sich die Pfeife gut erreichbar um. Manchmal muss ein Pfiff recht plötzlich erfolgen.

➤ **Was meint Ihr Hund dazu?** Warten Sie eine entspannte Situation ohne Ablenkungen ab. Pfeifen Sie, und bieten Sie Ihrem Hund sogleich ein Leckerchen an. So wird die Pfeife zumeist nicht als störend empfunden. Ist Ihr Hund auch beim zweiten Mal entspannt oder sogar neugierig, können Sie mit der ersten Übung loslegen. Wirkt Ihr Vierbeiner hingegen unsicher, sorgen Sie für positive Stimmung, indem Sie mit ihm spielen, kuscheln oder ihn füttern. Pfeifen Sie in dieser Situation erneut, nur etwas dezenter. Stört es Ihren Hund nicht, loben Sie ihn und pfeifen nochmals etwas lauter. Klappt auch der zweite Versuch, können Sie starten.

➤ **Eins nach dem anderen** Üben Sie immer nur ein Signal ein. Erst wenn Ihr Hund zuverlässig auf diesen Pfiff reagiert, können Sie ihn auf den nächsten Ton konditionieren.

➤ **Eine klare Linie vorgeben** Es ist von Vorteil, wenn nur eine Person das jeweilige Signal mit dem Vierbeiner einübt. Selbst bei guter Absprache lassen sich bei mehreren Ausbildern Abweichungen hinsichtlich Signalgebung und Übungsaufbau nicht vermeiden. Diese könnten bei Ihrem Hund für Irritationen sorgen und den Lernerfolg beeinträchtigen.

➤ **Keine fruchtlosen Bemühungen** Sollte Ihr Vierbeiner es vorziehen, nicht auf den »Komm«-Pfiff (→ Karte 01) zu reagieren, so können Sie ihn auch durch wiederholtes Pfeifen nicht eines Besseren belehren. Im Gegenteil: Ihr Hund lernt dadurch, den Pfiff zu ignorieren und nur dann zu befolgen, wenn er es für richtig hält. Solange die Übung noch nicht sicher klappt, sollten Sie daher das Signal besser nur in Erfolg versprechenden Situationen verwenden.

➤ **Die Pfeife gezielt einsetzen** Vermeiden Sie unbedachtes Pfeifen. Kinder, die in Gegenwart des Hundes unkontrolliert verschiedene Pfiffe ausprobieren, sorgen bei Ihrem Vierbeiner mit Sicherheit für Verwirrung. Bewahren Sie daher die Pfeife außer Reichweite von Kindern auf. Unter Ihrer Anleitung dürfen diese aber gerne beim Training mitmachen!

➤ **Mut zum Weglassen** Ihr Hund reagiert zuverlässig auf die Pfeife? Vermeiden Sie dennoch, ihn damit bei jedem Spaziergang zu sich zu rufen. So würde sich das Signal abnutzen, und die Pfeife verliert an Attraktivität. Setzen Sie diese besser selten ein, und halten Sie dann auch möglichst ein besonderes Leckerchen bereit. So bleibt das Signal für Ihren Hund weiterhin etwas Besonderes und ist zudem positiv belegt.

➤ **Engagement ist gefragt** Auch wenn das Pfeifsignal emotional neutral ist, spürt Ihr Hund doch genau, wie engagiert Sie bei der Sache sind. Zeigen Sie, dass auch Sie Spaß am gemeinsamen Training haben, und freuen Sie sich, wenn er erfolgreich war. Dann wird er Ihre Begeisterung sicher teilen!

Apportieren

Viele Hundehalter haben an das tägliche Training allein den Anspruch, Ihren Vierbeiner zu einem folgsamen Gefährten zu erziehen. Den meisten Hunden genügt dies aber nicht. Sie wollen ihre spezifischen Fähigkeiten erproben und haben Freude daran, etwas zu leisten. Eine besonders abwechslungsreiche Art der Beschäftigung ist das Apportieren.

Nach alter Tradition

Der Begriff Apportieren stammt ursprünglich aus der Jagd und steht für das Heranschaffen des erlegten Wildes zum Jäger. Wird ein Hund jagdlich geführt, so lassen sich durch entsprechende Apportierübungen die Situationen einer Jagd nachstellen. Er trainiert quasi »trocken« für den realen Einsatz. Dabei lernen Jagdhunde zugleich die für die Arbeit am Wild benötigten Pfeifkommandos. Auch unseren Haus- und Familienhunden liegt das Jagen, Hetzen, Suchen und Beutemachen noch mehr oder weniger stark im Blut. Allerdings sind entsprechende Verhaltensweisen hier selten erwünscht, denn sie machen den Hund kaum kontrollierbar und zu einer Gefahr von Mensch (Verkehr!) und Tier. Daher ist diese für die Hunde extrem lustvolle Tätigkeit strikt zu unterbinden. Den passenden Ausgleich schafft dann die Apportierarbeit. Hier wird der Trieb, das Beutemachen, gezielt und kontrolliert auf erlaubte Objekte umgelenkt. Ganz davon abgesehen, ist das Apportieren grundsätzlich eine artgerechte, sinnvolle und überaus spaßbringende Beschäftigung. Sie verschaffen Ihrem Vierbeiner die nötige Bewegung, fördern zugleich seine kognitiven Fähigkeiten und festigen auf spielerische Art und Weise seinen Gehorsam. Die Pfeife ist auch mit dabei und erleichtert Übungen auf größere Distanz.

Die »Beute«

Als Dummy, Apportel oder Bringsel eignet sich prinzipiell jeder gern genommene (besser: gern getragene) Gegenstand. Struppige Handfeger kommen dabei genauso in Betracht wie verlockende Schachteln, ausgediente (Hand-)Schuhe oder gar Plüschtiere. Zudem sind im Fachhandel speziell für Apportierübungen entwickelte Dummys in den verschiedensten Formen und Größen erhältlich. Sie bestehen aus Segeltuch, sind mit Kunststoffgranulat gefüllt und lassen sich bequem aufheben und tragen. Für welchen Gegenstand Ihr Vierbeiner sich auch immer entscheidet: Achten Sie darauf, dass dieser in der Größe zu Ihrem Hund passt und nicht zu schwer ist. Plüschtiere sollten aus unbedenklichem Material gefertigt sein. Zudem dürfen sich keine Kleinteile lösen, die Ihren Hund beim Verschlucken gefährden könnten.

Der Reiz des Besonderen

Für den Erfolg des Trainings ist entscheidend, dass der Hund das Apportel unbedingt haben und nur zu gerne mit Ihnen damit arbeiten möchte. Dies ist aber nur dann der Fall, wenn er es nicht zur freien Verfügung hat. Lassen Sie das Dummy also nicht herumliegen, sondern verwenden Sie es nur zur Apportierarbeit. Fordern Sie Ihren Vierbeiner damit bewusst zum Training auf, und üben Sie nur so lange, wie er voll bei der Sache ist und keine Langeweile aufkommt. Anschließend verstauen Sie das Apportel wieder an sicherer Stelle. So bleibt es für Ihren Hund auch weiterhin überaus interessant!

Apportieren lernen

Es gibt Hunde, die in Eigeninitiative Gegenstände herbeibringen. Dabei ist es unerheblich, ob sie beispielsweise der Gruppe der Jagd-, Hüte- oder Herdenschutzhunde angehören. Andere wiederum muss man erst motivieren, etwas in den Fang zu nehmen und zu tragen. So oder so lohnt es sich, zunächst ein paar Dinge auszuprobieren, bevor Sie mit Ihrem Hund gezielt das Apportieren trainieren (→ Karte 10).

Den Grundstein legen

➤ Sollte Ihr Hund von sich aus gerne Gegenstände umhertragen, so loben Sie ihn, wann immer Sie ihn dabei beobachten. Auch wenn es sich um Objekte handelt, die er eigentlich nicht haben sollte! Motivieren Sie ihn, mit der »Beute« zu Ihnen zu kommen. Gelingt dies, so loben Sie ihn ausgiebig, während er auf dem Weg zu Ihnen ist. Bei Ihnen angelangt, nehmen Sie ihm den Gegenstand im Austausch gegen ein Leckerchen oder ein anderes Lieblingsspielzeug behutsam ab.

➤ Falls Ihr Vierbeiner jedoch keine Anstalten macht, seine Beute bei Ihnen abzuliefern, so sollten Sie ihm

DER FEINE UNTERSCHIED

Apportieren bedeutet weit mehr, als einfach nur einem Ball oder Stöckchen hinterherzulaufen:

- Der Hund muss eine komplexe Übungsabfolge erlernen. Dazu gehört, dass er auf ein Signal hin losläuft, das Objekt aufnimmt, sofort zurückkommt und dieses in die Hand des Halters ausgibt.
- Voraussetzung für konzentriertes Arbeiten ist die sogenannte Steadyness. Das heißt, der Hund verhält sich so lange ruhig, bis er das Kommando zum Apport erhält.

keinesfalls hinterherlaufen. Bei einer Verfolgungsjagd würde er immer der Sieger bleiben! Ignorieren Sie ihn in diesem Falle besser. Kehren Sie ihm den Rücken zu, und beschäftigen Sie sich auffallend interessiert mit etwas anderem.

➤ Ihr Hund ist selbst für das tollste Spielzeug nicht zu begeistern? Füllen Sie dann vor seinen Augen ein Futterdummy mit appetitlichen Häppchen auf. Eventuell lässt er sich so überzeugen, das Dummy zu Ihnen zu bringen. Denn nur wenn Sie es für ihn öffnen, gelangt er an das Futter.

Die richtige Motivation

Soll Ihr Hund einen bestimmten Gegenstand apportieren, so genügt es nicht allein, ein besonders interessantes Objekt auszuwählen (→ Seite 31). Sie müssen zudem seinen Beutetrieb wecken. Auch hier gibt es beträchtliche individuelle Unterschiede. Manchem Hund ist beispielsweise ein Ball so wichtig, dass der Rest der Welt und somit leider auch der Hundeführer vergessen sind. Für andere wiederum stellt ein rollender Ball, der sich wie flüchtende Beute verhält, erst die nötige Motivation her. Gehen Sie also entsprechend auf Ihren Hund ein. Ist er mit zu viel Eifer bei der Sache und möchte das Apportel am liebsten unverzüglich zerreißen oder schütteln, wählen Sie besser einen neutraleren Gegenstand. Richtige Apportierarbeit erfordert Konzentration. Zeigt Ihr Vierbeiner sich hingegen eher desinteressiert, müssen Sie ihm die Beute erst schmackhaft machen. Bei den meisten Hunden gelingt dies, indem man das Dummy von ihnen wegbewegt. Ist die Aufmerksamkeit geweckt, kann es auch ganz unerwartet für kurze Zeit hinter Ihrem Rücken verschwinden. In jedem Falle sollten Sie die Anforderungen so wählen, dass Ihr Vierbeiner stets Erfolg hat. So können auch »Skeptiker« rasch Geschmack am Apportieren finden.

Dummytraining

Hat Ihr Vierbeiner die Grundlagen des Apportierens erlernt und vor allem auch Spaß daran gefunden, dann ist es an der Zeit, weitere Herausforderungen damit zu kombinieren. Neben Gehorsamsübungen bieten sich auch Aufgaben an, die spezielle Fähigkeiten Ihres Hundes schulen. Das Apportieren wird dadurch zum gezielten Dummytraining ausgebaut, bei dem auch der Einsatz der Hundepfeife vorteilhaft sein kann.

Das Markieren

Gehirnjogging für Hunde! Bei dieser anspruchsvollen Aufgabe sitzt Ihr Vierbeiner in Warteposition und sieht zu, wie Sie ein Dummy für ihn auslegen oder sogar werfen. Erst wenn Sie wieder bei ihm sind, fordern Sie ihn zum Apport auf. Hat er sich die Fallstelle gemerkt, läuft er auf Ihr Kommando direkt darauf zu und beginnt erst dort nach dem Dummy zu suchen. Noch schwieriger wird es bei der sogenannten Mehrfachmarkierung. Hier muss sich Ihr Hund gleich mehrere Fallstellen merken und die Dummys nacheinander in der von Ihnen festgelegten Reihenfolge apportieren. Für Könner bauen Sie vor dem Apport noch einen oder mehrere Positionswechsel ein (→ Karte 29).

Die Verlorensuche

Schnupperkurs! In Anlehnung an die Jagd gibt es zwei verschiedene Methoden, wie Sie den herausragendsten Sinn Ihres Hundes erproben und trainieren können:

- **Die Freiverlorensuche bzw. Flächensuche** Sie platzieren oder verstecken ein oder mehrere Dummys im Gelände. Hierbei achten Sie darauf, dass Ihr Vierbeiner die Fallstelle(n) nicht sieht. Geben Sie ihm dann das Kommando zum Suchen, so muss er sowohl seine Augen, vor allem aber auch seine Nase benutzen, um die »Beute« zu finden. Die Ausdehnung des Suchbereichs sollte dem jeweiligen Ausbildungsstand Ihres Hundes angepasst sein, sodass Sie ihm möglichst wenig Hilfestellung geben müssen (→ Karte 34).
- **Die Schleppe oder Wundfährte** Eine Wundfährte entsteht, wenn ein Wildtier durch einen Schuss verletzt wurde, aber noch weglaufen kann. Die Aufgabe des Hundes besteht nun darin, das Wild zu finden, indem er dieser (Blut-)Spur folgt. Eine solche Situation können Sie nachstellen, indem Sie ein Dummy oder einen anderen Gegenstand an einer Schnur hinter sich her ziehen und damit eine Geruchsspur, die Schleppe, erzeugen. Diese anspruchsvolle Nasenarbeit macht auch Hunden Spaß, die nicht apportieren.

Das Einweisen

Auf gute Zusammenarbeit! Unter Einweisen versteht man, den Hund mittels Sicht- und Hörzeichen in eine bestimmte Richtung zu schicken. Dies kann nötig sein, um den Hund zu einer Fallstelle zu dirigieren, die er nicht gesehen hat. Auch können Sie Ihren Vierbeiner so mehrere Dummys in einer bestimmten Reihenfolge bringen lassen. Er muss bei dieser Disziplin gut auf Sie als Hundeführer reagieren und auch in größerer Entfernung lenkbar sein (→ Karte 30).

Die häufigsten Fragen

Sie haben sich anhand der Texte informiert und mit der Handhabung der Pfeife beschäftigt. Zudem haben Sie festgelegt, wie welches Signal klingen soll und welchen Pfiff Sie als Erstes trainieren. Sie sind also gut organisiert. Und doch wird Sie Ihr Hund beim Training immer wieder mit Reaktionen überraschen, die neue Fragen aufwerfen.

1. Müssen alle Familienmitglieder, die mit dem Hund unterwegs sind, nun die Pfeife benutzen?

In der Konditionierungsphase, solange die Pfeifsignale also noch im Aufbau sind, ist es vorteilhaft, wenn nur eine Person dieses Training übernimmt. So bleibt der Übungsaufbau immer genau gleich. Sind die Signale sicher etabliert, können sie von jeder Person benutzt werden, müssen aber nicht.

2. Das Pfeifentraining mit dem Hund wollen wir abwechselnd zu zweit durchführen. Wie geht das?

Sprechen Sie sich gut ab, an welcher Übung Sie gerade arbeiten und auf welchem Trainingsniveau der Hund sich aktuell befindet. Versuchen Sie, Ihre Vorgehensweisen abzugleichen, um den Hund nicht zu verwirren. Kommunizieren Sie Trainingserfolge und/oder -schwierigkeiten. Vermeiden Sie zu häufige Wiederholungen, da diese den Hund langweilen könnten. Den Rückruf-Pfiff sollten Sie sparsam und vor allem im Ernstfall anwenden, da er sich sonst abnutzt.

3. Ich habe zwei Hunde. Wie setze ich hier die Pfeife ein?

Konditionieren Sie zunächst jeden Hund einzeln auf die Signale. Erst wenn beide nach der Trainingsphase genau wissen, was von ihnen erwartet wird, können Sie Ihre Vierbeiner die Übungen gleichzeitig ausführen lassen. Zudem ist es für Hunde verständlich, wenn Sie einen der beiden beispielsweise auf einer Decke platzieren und nur mit dem Partner üben. Damit trainieren Sie nebenbei die Impulskontrolle des jeweils wartenden Hundes. Anfangs ist es leichter, diesen zu fixieren oder von einer Hilfsperson festhalten zu lassen. Es ist auch möglich, jeden der Hunde auf unterschiedliche Pfeifsignale zu konditionieren. So wissen Ihre Vierbeiner am Ende genau, wer gemeint ist. Das wiederum erfordert strikte Genauigkeit beim Üben und Anwenden.

4. Mein Hund hat Angst vor dem Pfiff. Was kann ich tun?

Benutzen Sie die Pfeife zunächst nicht innerhalb von geschlossenen Räumen. In vielen Fällen kann der Hund das Geräusch im Freien wesentlich besser ertragen als drinnen. Achten Sie anfangs darauf, mit geringem Druck und nur wenig Luft in die Pfeife zu blasen. So erzeugen Sie sachte Töne. Richten Sie zudem die Pfeife nicht direkt auf Ihren Hund, und starren Sie ihn nicht an. Reichen Sie ihm sofort nach dem Pfiff besonders leckeres Futter, doch bleiben Sie ruhig dabei und vermeiden Sie hektische Bewegungen.

5. Was mache ich, wenn ich die Pfeife mal vergessen habe?

Die Pfeife ist ein zusätzliches Signal, das Sie in »Notfällen« oder immer dann einsetzen, wenn Ihr Vierbeiner auf Distanz reagieren soll. Ab einer gewissen Entfernung, unter besonderen landschaftlichen Gegebenheiten oder bei schlechter Witterung kann der Hund Ihre Sichtzeichen nicht erkennen, und die menschliche Stimme erreicht ihn möglicherweise nicht mehr. Haben Sie die Hundepfeife vergessen, sollte Ihr Hund darum besser in Ihrer Reichweite bleiben.

6. Hört mein Hund dann nur noch auf den Signalpfiff?

Auch wenn Ihr Hund schon gut auf die einzelnen Pfeiftöne trainiert ist, gelten weiterhin die Hör- und Sichtzeichen, auf die er schon vorher reagiert hat. Sie können deshalb (fast) alle Übungen auch ohne die Pfeife durchführen.

7. Mein Hund reagiert nicht mehr auf die Pfeife. Warum?

Höchstwahrscheinlich sind Sie beim Trainingsaufbau zu rasch vorgegangen. Die Konditionierung auf die Pfeifsignale muss in sehr kleinen Schritten erfolgen. Häufige Wiederholungen in unterschiedlichen Übungssituationen sind notwendig, damit Sie sich wirklich auf den Gehorsam Ihres Hundes verlassen können.
Oder hat Ihr Hund die Pfeife zwar häufig gehört, aber nicht darauf reagiert? Und blieb sein Verhalten ohne weitere Folgen? Dann haben Sie die Pfeifsignale zu oft unüberlegt eingesetzt und dabei nur inkonsequent für deren Umsetzung gesorgt.

DAS RICHTIGE MASS

Nur ein ausgelasteter Hund ist glücklich und verhält sich unauffällig.

- Unterforderte Hunde sind rastlos, zeigen übertriebene Wachsamkeit oder gehen unterwegs gerne auf Jagd. Zudem machen sie sich oft unliebsam in Haus und Garten zu schaffen.

- Bei Überforderung zeigen sie Nervosität, Hecheln und Übersprungshandlungen, indem sie z. B. in die Leine beißen.

So nutzen sich die Töne ab und die Hundepfeife verliert auch im Ernstfall ihre Signalwirkung. In beiden Fällen beginnen Sie mit der Konditionierung wieder ganz von vorn.

8. Mein Hund jagt. Mir wurde eine Pfeife empfohlen. Ist dann Schluss mit Jagen?

Sie können Ihrem Hund mit einem gut trainierten Pfeifsignal wie z. B. dem »Stopp«-Pfiff ein anderes Verhalten abverlangen. Da der Jagdtrieb je nach Rasse und Zucht verschieden stark ausgeprägt ist, gelingt das jedoch nicht immer. Das Signal zu nutzen, wenn Ihr Hund bereits ein Tier hetzt, birgt die Gefahr einer Fehlverknüpfung. Im schlimmsten Fall versteht Ihr Vierbeiner den Pfiff sogar als Bestätigung, denn er kündigt ja eine Belohnung an. Mit der Zeit kann es dann passieren, dass er vermehrt nach Wild Ausschau hält, um sofort loszurennen und einen Pfiff (= Belohnung) zu bekommen. Achten Sie also strikt darauf, dass Ihr Hund mit den Pfeifsignalen kein unerwünschtes Verhalten wie Weglaufen, Fährten verfolgen oder Stöbern verknüpft. Üben Sie häufig in entspannten Situationen, in denen Ihr Vierbeiner gut auf Sie achtet, und selten im Ernstfall. Dann sollte der Pfiff genau in dem Moment erfolgen, wenn der Hund »durchstarten« will. Setzen Sie den Pfiff hierzu aber erst ein, wenn Sie den Hund gewissenhaft auf das Signal trainiert haben.

9. Ich habe einen Welpen. Kann ich schon mit dem Einsatz der Pfeife beginnen?

Das ist sogar von Vorteil, da Welpen anfangs ihre Aufmerksamkeit und Neugier vermehrt dem Menschen widmen und noch völlig unbefangen sind. Machen Sie den Kleinen am besten während der Fütterung mit der Pfeife vertraut (→ Seite 28). Dabei wird er sich von der Pfeife am wenigsten stören lassen. Hat er den Ton akzeptiert, können Sie über die tägliche Fütterung den »Komm«-Pfiff konditionieren (→ Karte 01).

10. Muss ich bei der Konditionierung und später immer Leckerchen einsetzen?

Wollen Sie Ihrem Hund etwas Neues beibringen, sollten Sie immer über positive Motivation (→ Seite 26) arbeiten. Hunde tun nur das, was sich für sie lohnt. Am einfachsten und effektivsten belohnen Sie ihn mit attraktivem Futter. Auch wenn Ihr Vierbeiner auf Pfiff zurückkommt, obwohl er lieber etwas anderes täte, müssen Sie sich riesig freuen und unbedingt einen Jackpot bereithalten. Liegt jedoch kein Ernstfall vor, so können Sie ihn später variabel und damit nur noch jedes zweite oder dritte Mal füttern. Je nach Übung kann die Belohnung dann auch ein Spiel oder ein Lob sein.

11. Kann ich noch mit der Pfeife arbeiten, obwohl mein Hund schon 6 Jahre alt ist?

Auch ältere Hunde freuen sich, neue Dinge zu lernen und Erfolg zu haben. Gerade bei nachlassendem Gehör ist die Pfeife ein wertvolles Hilfsmittel. Und sollte Ihr »alter Knabe« andere Signale nicht mehr ganz so ernst nehmen, können Sie Grundkommandos mithilfe der Pfeife sehr gut neu aufbauen.

Auf dieser Doppelseite sehen Sie eine Auflistung aller Übungen, die auf den Karten zu finden sind.

Basics:

1 Rückruf
2 Rückruf unter Ablenkung
3 Sitz
4 Sitz für Fortgeschrittene
5 Stopp
6 Stopp unter Ablenkung

Erziehungsübungen:

7 Leinenführigkeit
8 Bleib
9 Apportieren
10 Steadyness
11 Blickkontakt fördern
12 Autotraining

13 Tempowechsel an der Leine
14 Bei Fuß
15 Walk up für eine Person
16 Folge mir
17 Hinter mir – Vor mir
18 Komm zu mir, egal was passiert
19 Angeleint am Napf vorbei

20 Abruf am Futter vorbei

21 Triangel

22 »Überflieger«

23 Impulskontrolle

24 Stopp in Richtung Hundeführer

25 Stopp weg vom Hundeführer

26 Inselhopping

27 Objekte gemeinsam umrunden

28 Lauf herum

Weiterführende Übungen:

29 Markierung in zwei Richtungen

30 Einweisen

31 Apportieren mit Ablenkung

32 Such

33 Anzeigen von Gegenständen

34 Verlorensuche

35 Gerüche unterscheiden

36 Such Tante Paula

TRAININGSTAGEBUCH

Im Lauf der Zeit nehmen Sie immer mehr Übungen ins Training auf. Damit Sie nicht den Überblick über den jeweiligen Ausbildungsstand verlieren, erstellen Sie einen

Datum	Übung	Trainings-schritt

Trainingsplan, bei mehreren Hunden für jeden einen. In die Spalte »Ausführung« tragen Sie jeweils die Anzahl der Durchgänge in einer bestimmten Qualität ein.

Ausführung			
keine	schlecht	gut	sehr gut

Register

Die Zahlen verweisen auf Seitenzahlen im Begleitbuch, **halbfett** gesetzte Seitenzahlen auf Abbildungen. U = Umschlagseite

Die werden Sie auch lieben.

ISBN 978-3-8338-2874-4

ISBN 978-3-8338-2681-8

ISBN 978-3-8338-3445-5

ISBN 978-3-8338-3802-6

e Auch als eBook erhältlich.

Mehr von GU auf **www.gu.de** und
facebook.com/gu.verlag

GU

Willkommen im Leben.

Die Autorinnen
Laura Pape (vorne) und Christine Schröder leiten seit über 10 Jahren eigene Hundeschulen in Hamburg und Kaltenkirchen (SH). Sie haben sich bei einem Trainerlehrgang kennen- und schätzengelernt und arbeiten so oft es geht an gemeinsamen Projekten in Sachen Hund.

Bildnachweis und Impressum

Der Fotograf: Oliver Giel hat sich mit seinem Fotostudio erfolgreich auf Natur- und Tierfotografie spezialisiert. Neben Bildproduktionen für Bücher und Zeitschriften betreut er auch Kalender- und Werbeproduktionen rund um die Themen Tier und Natur. Dabei wird er von seiner Lebensgefährtin Eva Scherer tatkräftig unterstützt. Mehr über das Fotostudio Giel finden Sie unter www.tierfotograf.com.

Alle Fotos zu dieser Box stammen von **Oliver Giel.**
Autorenfoto: privat

Wichtiger Hinweis:
Die Daten und Fakten dieses Buches wurden mit äußerster Sorgfalt recherchiert und geprüft. Dennoch kann eine Garantie nicht übernommen werden. Eine Haftung des Verlages für Personen-, Sach- und Vermögensschäden ist ausgeschlossen.

Projektleitung: Maria Hellstern
Lektorat: Dr. Stefanie Gronau
Bildredaktion: Matias Kovacic, Petra Ender (Cover)
Layout: H. Bornemann Design
Umschlaggestaltung: independent Medien-Design, Horst Moser, München
Satz: Uhl + Massopust, Aalen
Herstellung: Petra Roth
Repro: Longo AG, Bozen

Printed in China

ISBN 978-3-8338-4218-4

1. Auflage 2015

GRÄFE UND UNZER

Ein Unternehmen der
GANSKE VERLAGSGRUPPE